[1] Dreifaltigkeitsplatz

Parkplatz Grieserwiese, Wittstraße, 1 Euro pro Tag

Als Ausgangspunkt für den Stadtrundgang durch Landshut eignet sich der Parkplatz »Grieserwiese« am Ufer der Isar. 1986 errichtete man dort ein Zeughaus, um Materialien und Kostüme des historischen Festspiels der »Landshuter Hochzeit« aufzubewahren. Hinter der Grieserwiese öffnet sich nach wenigen Schritten durch die kleine Straße Grätzberg sowie die Innere Münchner Straße der geräumige Dreifaltigkeitsplatz. An dessen Nordseite erstreckt sich der Hofkasten, den Herzog Ludwig der Reiche 1468–1470 zur Lagerung der erhaltenen Naturalabgaben erbauen ließ. Ihm zu Ehren stiftete der bayerische König Ludwig I. 1858 das Denkmal. Ludwig der Reiche ließ gleich zu Beginn seiner Regierungszeit im Jahre 1450 die Landshuter Juden gefangen nehmen. Anschließend mussten diejenigen die Stadt verlassen, die sich nicht taufen ließen. Ihre Synagoge am Fuße des Hofberges wurde in ein christliches Gotteshaus umgewandelt. Nachdem die jüdischen Mitbürger in den Folgejahren u.a. auch aus Passau und Regensburg vertrieben wurden, verbot die 1553 erlassene Landesordnung gänzlich die Ansiedlung von Juden im Herzogtum Bayern. Die Dreifaltigkeitskirche fiel wiederum der Säkularisierung zum Opfer und wurde 1810 abgebrochen.

Denkmal für Ludwig den Reichen

[2] Historischer Straßenzug Altstadt

Unmittelbar an den Dreifaltigkeitsplatz schließt sich der Straßenzug »Altstadt« an, der seit dem 13. Jahrhundert die Innenstadt von Landshut durchzieht und mit einer leichten Biegung die beiden markanten Bauwerke St. Martin im Süden sowie die Heilig-Geist-Kirche im Norden miteinander verbindet. Dieses Straßenensemble mit seinen für die Region typischen weiträumigen Ausmaßen gilt – besonders durch die Ende der 1990er Jahre vollzogene Umwandlung in eine Fußgängerzone – als eines der schönsten in Deutschland. Neben Martinskirche, Rathaus und Stadtresidenz reihen sich hier im Herzen Landshuts, idyllisch gelegen zwischen Berghängen und der Isar, sehenswerte Bürgerhäuser aneinander. Während mehrere Kaufmannshäuser an der Ostseite über Laubengänge verfügen – daher der Name »unter den Bögen« –, waren die Gebäude der gegenüberliegenden Seite einst durch langgezogene Hinterhöfe gekennzeichnet, um so nah wie möglich an den wichtigen Handelsweg der Isar zu reichen. Charakteristisch für Landshut ist die Vielzahl der giebelständigen Gebäude, zwischen denen sich nur vereinzelt traufständige Bauten befinden. Aus Gründen der Stadtbildpflege wurde außerdem bereits im frühen 15. Jahrhundert der Bau von Erkern untersagt. Wie

Ludwig IX., genannt der Reiche
1417–1479, Herzog. Nach dem Tod seines Vaters Heinrich wurde Ludwig 1450 Herzog von Bayern-Landshut. Zwei Jahre später ehelichte er Prinzessin Amalie von Sachsen in einem glanzvollen Fest, das jedoch seit der Hochzeit seines Sohnes Georg 1475 in dessen Schatten stand. Zu den Aufsehen erregenden Maßnahmen aus der Regierungszeit Ludwigs gehören, neben seiner expansiven Außenpolitik, die Vertreibung der Juden 1450 sowie die Gründung der Universität Ingolstadt 1472, der heutigen Ludwig-Maximilians-Universität München.

Rechts: Altstadt 195

Ikarus
Ainmiller

Jakob Sandtner
1530/40 – nach 1579, Drechsler. Vermutlich ohne Auftrag fertigte der Straubinger ein detailreiches hölzernes Modell seiner Vaterstadt an, das beim bayerischen Herzog Albrecht V. Interesse weckte. Fortan beauftragte dieser Sandtner zwischen 1568 und 1574, für seine übrigen Residenzen München, Landshut, Ingolstadt und Burghausen maßstabsgetreue Modelle anzufertigen. Anschließend wurden sie in Albrechts Kunstkammer als Teil der »Bavaria illustrata« präsentiert. Heute sind die wertvollen Modelle, die zu den ältesten verlässlichen ihrer Art zählen, im Bayerischen Nationalmuseum in München ausgestellt.

gut sich das historische Stadtbild von Landshut insgesamt erhalten hat, beweist ein Blick auf das im Maßstab 1:750 angefertigte Stadtmodell des Drechslers Jakob Sandtner von 1571, dessen Kopie von 1932/34 im LANDSHUTmuseum zu sehen ist.

Als nennenswertes Gebäude eingangs der südlichen Altstadt ist das Haus des Hofmaurermeisters Hirschstetter (Altstadt 18) zu erwähnen, das 1771 seine Rokoko-Fassade erhielt und 1855 mit den Nachbarhäusern 19 und 20 vereinigt wurde. Die Bausubstanz des ebenfalls aus drei Häusern entstandenen Komplexes »Gasthof Ainmiller« (Altstadt 195–197) auf der anderen Straßenseite geht auf das 15. Jahrhundert zurück. Mitte des 19. Jahrhunderts erhielt das Bauwerk sein neogotisches Aussehen mit dem markanten dreiteiligen Treppengiebel. Während das wenige Meter entfernte Auerhaus (Altstadt 216) im gleichen Zeitraum umfassend erneuert wurde, erhielten sich in seinen Lauben mit Sterngewölbe und großem Tor gotische Reste. Als einer der schönsten Barockbauten der Stadt gilt das benachbarte Gebäude Altstadt 217, das bis 1807 der Grab-Christi-Bruderschaft gehörte. Sie stellte alljährlich zu Ostern ein Heiliges Grab in der Martinskirche auf, das zu den größten im deutschsprachigen Raum zählt und erst in den 1990er Jahren wieder entdeckt wurde.

[3] Landschaftshaus

Auf der gegenüberliegenden Seite zieht das reich bebilderte ehemalige Landschaftshaus (Altstadt 28) die Blicke auf sich. Das stattliche traufständige Gebäude, das durch die Zusammenlegung dreier Bürgerhäuser entstand, beherbergte seit 1557 die Landschaft des Rentamtes Landshut. Die Entstehung der Landstände geht auf eine als »Ottonische Handfeste« bekannte Urkunde des Jahres 1311 zurück, in der die niederbayerischen Stände ihrem in Finanznot geratenen Herzog Otto III. eine einmalige Steuer bewilligten und dafür im Gegenzug die niedere Gerichtsbarkeit in ihren Besitzungen erhielten. Aus den anfänglichen Versammlungen der Landesvertreter, bestehend aus Adel, Geistlichkeit und Bürgern, entwickelte sich die dauerhafte Institution der niederbayerischen Landstandschaft. Als diese zu Beginn des 19. Jahrhunderts aufgelöst wurde, diente das Gebäude, in dem 1868 der Maler Max Slevogt ge-

Auerhaus (Altstadt 216)

Landschaftshaus

boren wurde, als Postamt und erhielt den Namen »Alte Post«. Die farbenfrohen Renaissancefresken nach dem Entwurf des Malers Hans Pachmayer wurden 1599 durch Hans Georg Knauf ausgeführt. Den Eindruck einer Säulenarchitektur vermittelnd, zeigen sie in jeweils drei übereinander geordneten Rundbogennischen die Bildnisse bayerischer Fürsten mit ihren Namen und Wappen. Medaillons antiker Persönlichkeiten, Allegorien der Tugenden sowie Giebelfelder und Zierrahmen schmücken die dazwischenliegenden Fensterachsen der bereits mehrfach restaurierten Fassade.

Max Slevogt
1868–1932, Maler und Grafiker. Als Sohn eines Offiziers in Landshut geboren, zog Slevogt bald mit seiner verwitweten Mutter nach Würzburg. Nach dortigem Schulbesuch nahm er 1884 ein Studium an der Akademie der Bildenden Künste zu München auf. Als freischaffender Künstler ging Slevogt 1901 nach Berlin, wo er Mitglied der »Berliner Secession« und 1917 Vorsteher des Meisterateliers an der Berliner Kunstakademie wurde. Sein umfangreiches Werk umfasst neben Malereien, Zeichnungen und Grafiken auch Bühnenbilder und Buchillustrationen.

[4] Haus Kronprinz

Im benachbarten, Mitte des 15. Jahrhunderts ebenfalls traufständig erbauten Gebäude (Altstadt 29) befand sich einst die herzogliche, später kurfürstliche Kanzlei bzw. Regierung. Seit 1800 in Privatbesitz, beherbergte das »Haus Kronprinz« u.a. einen Gasthof mit Hotel. Sein Name erinnert an den Landshuter Universitätsaufenthalt des späteren Königs Ludwig I. von Bayern im Jahre 1803. Im frühen 20. Jahrhundert eröffneten in dem Haus die gleichnamigen »Kronprinz-Lichtspiele«, die bis zur Schließung im Jahr 2003 zu den ältesten

Haus Kronprinz

Kinos Deutschlands zählten. Die einst mit Freskenmalerei geschmückte Fassade wurde um 1784 im klassizistischen Stil umgestaltet. Auf den Türflügeln befinden sich Porträtmedaillons des bayerischen Kurfürsten Karl Theodor (1724–1799) und seiner Gemahlin, über dem Portal sein farbig hervorgehobenes Wappenschild.

[5] St. Martin

Apr.–Sep. 7.30–18.30 Uhr; Okt.–März 7.30–17 Uhr
Schatzkammer St. Martin *Mai–Nov. jeden 1. So im Monat 12–13 Uhr*

Bauernportal

Auf der anderen Straßenseite erhebt sich der Kirchturm von St. Martin, der mit über 130 Metern als höchster Backsteinturm der Welt gilt. Der Legende nach wurde er so hoch ausgeführt, damit die Bürger dem auf der Burg residierenden Herzog »in die Suppenschüssel schauen« konnten. Die katholische Stadtpfarr- und Stiftskirche St. Martin und Kastulus wurde im 14. Jahrhundert auf den Resten einer romanischen Vorgängerkirche aus der Zeit der Stadtgründung um 1204 erbaut. Bei Grabungen im Jahr 1980 stieß man gar auf eine ganze Gebäudegruppe, bestehend aus einer rund 50 Meter langen Basilika sowie einem einzeln stehenden Campanile mit angeschlossener Kapelle. Rund um diesen Turm befanden sich Friedhof und Marktplatz zugleich, ebenso ist das erste Rathaus von Landshut urkundlich für dieses Areal bezeugt. Als das Gotteshaus zu altmodisch und klein wurde, begann man um 1380 mit dem Bau des heutigen Altarraumes im Osten der Basilika. Erst mit dem Baubeginn des dreischiffigen gotischen Langhauses ließ man die Vorgängerkirche niederlegen. Nach Ausführung des spitzen Helmes mit den Fialen der beiden Turmkränze wurde der Turm um 1500 mit Kugel und Kreuz fertig gestellt. Während seine unteren, reich verzierten Geschosse quadratisch sind, erheben sich die anderen als Achteck, die an den Ecken befindlichen Strebepfeiler verjüngen sich zu kleinen Treppentürmchen.

Westportal

Vom typischen Rot der Ziegelsteinfassade heben sich die aus Naturstein gefertigten Portale von St. Martin ab. Das nur zu besonderen Anlässen geöffnete Hauptportal im Westen, welches die überwölbte Vorhalle abschließt, wird von einem reich verzierten Giebel bekrönt. Interessant ist außerdem im farbigen Tympanon über den beiden Türflügeln die symbolische Darstellung des »Lebenden Kreuzes«. Neben dem Hauptportal künden zwei farbige Wappen von der päpstlichen Erhebung St. Martins zur »Basilica minor« im Jahre 2001. Die vier anderen Zugänge, benannt nach ihrer

Vorname und Name

Straße und Hausnummer

PLZ und Ort

E-Mail-Adresse

Datum und Unterschrift

An den
Lehmstedt Verlag
Hainstraße 1
D–04109 Leipzig

Liebe Leserinnen und Leser,
vielen Dank, dass Sie sich für einen Lehmstedt Reiseführer entschieden haben. Wir freuen uns, Ihre Meinung zu erfahren. Bitte schreiben Sie uns, wenn Sie Anregungen, Empfehlungen oder Berichtigungen haben. Gut verwertbare Informationen belohnen wir mit einem kostenfreien Lehmstedt Stadtführer Ihrer Wahl!
Vielen Dank!

Ich habe diese Karte folgendem Reiseführer entnommen:

____

❑ Bitte senden Sie mir regelmäßig kostenfrei und unverbindlich die Kataloge Ihrer Neuerscheinungen zu.

Ich möchte gern folgende Bücher aus Ihrem Verlagsprogramm bestellen und bitte um Lieferung gegen Rechnung an die umseitig genannte Adresse.

Anzahl	Autor, Titel

Ab einem Bestellwert von 20 € ist die Lieferung innerhalb Deutschlands versandkostenfrei.

info@lehmstedt.de

ursprünglichen Bestimmung, befinden sich an den Längsseiten der Kirche: auf der der Altstadt zugewandten Nordseite Bürger- und Brautportal sowie auf der Südseite Bauern- und Taufportal. An der südlichen Außenwand berichtet die Porträtbüste vom Tod des »Steinmetz Hans«, des Baumeisters Hans von Burghausen. Sie gilt als eines der frühesten Baumeisterbildnisse in Deutschland und gibt darüber hinaus wie ein Werkverzeichnis Zeugnis seiner Bauten.

Der helle Innenraum der Martinskirche zeichnet sich durch seine kühne Höhe aus, dessen Gewölbe von acht schlanken, 22 Meter hohen Pfeilern getragen wird. Im »Sternenhimmel« des Chorraumes, der fast die gleiche Weite und Höhe wie das Langhaus besitzt, befinden sich neben den Reliefs von Maria, St. Martin und St. Barbara das Landshuter Stadtwappen, die bayerischen Rauten sowie Geschlechterwappen von Förderern des Kirchenbaus. Der steinerne Hochaltar, entstanden um 1424, bezog als einer der ersten seiner Art das Sakramentshäuschen mit der von einem Gitter verschlossenen Tabernakelöffnung mit in den Schrein ein. Seine barocke Umkleidung des 17. Jahrhunderts wurde, wie der gesamte Innenraum, im Zuge der Regotisierung im 19. Jahrhundert entfernt. Zu bedeutenden Ausstattungsstücken von St. Martin zählen außerdem die gotische, aus einem einzigen Stein gehauene Kanzel von 1422, das 1495 aus Lindenholz geschaffene Chorbogenkruzifix als eines der größten Kreuze in Europa sowie die Madonna des Bildschnitzers Hans Leinberger (um 1518) an der Stirnwand des rechten Seitenschiffes. Von der um 1600 eingezogenen Westempore erklingt die Hauptorgel, in deren barocken Prospekt 1984 ein neues Instrument eingebaut wurde.

Im Jahre 1596 wurde das Kollegiatstift St. Kastulus aus dem rund 20 Kilometer entfernten Moosburg mit den Reliquien des Heiligen an die Martinskirche übertragen. Die Weltgeistlichen, die nicht wie Mönche einer Ordensgemeinschaft angehörten, waren für Gottesdienst und Seelsorge verantwortlich und sollten das religiöse Leben von Landshut weiter fördern. Als jährlicher Höhepunkt galt im barocken Landshut die Aufführung der großen Fronleichnamsprozession.

Gegenüber dem Chor von St. Martin befindet sich der Sandstadel (Martinsfriedhof 225), in dem die »Schatzkammer von St. Martin« mit liturgischen Gebrauchsgegenständen, Epitaphien sowie zwei bedeutenden Stadtansichten zu besichtigen ist.

Gedenkstein für Hans von Burghausen

Hans von Burghausen
(Hanns Purghauser) Um 1350/60–1432, Baumeister. Vermutlich in Burghausen geboren, ging der Baumeister nach seiner Lehrzeit nach Böhmen. Dort scheint Burghausen die Blüte der Baukunst, die Dombhütte des Peter Parler in Prag, kennengelernt zu haben. Der Überlieferung nach übernahm er 1406 von Hans Krumenauer die Bauleitung von St. Martin, die er später an seinen Neffen Hans Stethaimer abtrat. Als vierter Baumeister arbeitete sein Sohn Stefan Purghauser am Gotteshaus. Mit Bauwerken in Salzburg, Ötting, Straubing und Wasserburg machte sich Hans von Burghausen um die gotische Sakralbaukunst in Bayern verdient.

Christian Jorhan der Ältere
1727–1804, Bildhauer. In der Werkstatt seines Vaters ausgebildet, verbrachte Jorhan seine Gesellenjahre u.a. in München, Salzburg und Augsburg. Seit den 1750er Jahren war er in Landshut ansässig, seine Werkstatt befand sich in der Unteren Freyung 603. Als bedeutendster einheimischer Künstler seiner Zeit hinterließ Jorhan in Landshut und Umgebung zahlreiche Kunstwerke in verschiedenen Kirchen und Kapellen sowie Brunnenfiguren auf der Trausnitz und in der Stadtresidenz.

[6] Frauenkapelle

Der ehemalige Friedhof rund um das Gotteshaus wurde 1805 vom neuen Hauptfriedhof außerhalb der Stadt abgelöst. Die Mitte des 15. Jahrhunderts errichtete Frauen- oder Engelskapelle auf dem Martinsfriedhof, im Schatten der Basilika, verdankt ihr Inneres einer barocken Umgestaltung durch den Stadtmaurermeister Wolfgang Eheham und den Maler Franz Josef Lederer im Jahre 1706, als sie stuckiert und mit Wandgemälden geschmückt wurde.

Im Altar, entstanden im Stil des Rokoko in der Mitte des 18. Jahrhunderts, befindet sich eine spätgotische Madonna aus dem ausgehenden 15. Jahrhundert. Sie wird flankiert von zwei lebensgroßen Figuren der beiden Heiligen Anna und Joachim des Landshuter Bildhauers Christian Jorhan der Ältere. Unter der Orgelempore ist ein roter Marmorepitaph sehenswert, der an Walther vom Feld, Hofbankier der Landshuter Herzöge und Mitstifter des Kirchenbaus von St. Martin, erinnert.

[7] Silbernagl-Haus

Zurück auf der Hauptstraße Altstadt, sticht auf der anderen Straßenseite aus der Mehrzahl der Giebelhäuser das breite Silbernagl-Haus (Altstadt 72) hervor, dessen traufseitiges Satteldach zur Straße weist. Sein farbenfroher barocker Fassadenschmuck vom Ende des 17. Jahrhunderts zeigt eine Marienfigur, die, getragen von einem Engel mit antiker Rüstung, von zwei Putten unter einem Baldachin bekrönt wird. Benannt ist der ehemalige Gasthof nach seinem Eigentümer Mitte des 19. Jahrhunderts, dem Bierbrauer Josef Silbernagl. Anschließend führen nur wenige Schritte zur Stadtresidenz.

[8] Stadtresidenz

Wegen Sanierung bis voraussichtlich 2026 geschlossen

Die nach italienischem Vorbild entstandene Stadtresidenz im Herzen der Altstadt gilt als frühester Palast mit Renaissance-Architektur, der nördlich der Alpen errichtet wurde. Auftraggeber war Herzog Ludwig X.,

Ludwig X.
1495–1545, Herzog. Durch das von seinem Vater Albrecht IV. erlassene Primogeniturgesetz war Ludwig als Zweitgeborener für den geistlichen Stand bestimmt. Doch er erhielt von seinem Bruder Wilhelm IV. die Verwaltung des bayerischen Unterlandes. In Landshut etablierte er einen Musenhof und förderte Kunst, Kultur und Wissenschaft. Außerdem vertrat Ludwig Bayern auf fürstlichen Zusammenkünften und übernahm militärische Aufgaben, u.a. als Unterstützer Kaiser Karls V. Durch Ludwigs Ehe- und Kinderlosigkeit übernahm Wilhelm nach seinem Tod die Alleinherrschaft in Bayern.

Wilhelm von Birkenfeld-Gelnhausen
1752–1837, Pfalzgraf und Herzog. Im Auftrag des ersten bayerischen Kurfürsten aus der Linie der pfälzischen Wittelsbacher, Karl Theodor, kam der Pfalzgraf nach Landshut. Als letzter erbberechtigter Verwandter schloss er 1797 den »Ansbacher Hausvertrag«, in dem die Unteilbarkeit der wittelsbachischen Länder niedergelegt und die Trennung von Staat und Dynastie eingeleitet wurde. Durch Kurfürst Maximilian IV. Joseph, ab 1806 erster König von Bayern, erhielt der Pfalzgraf 1799 formal den Titel eines Herzogs von Bayern.

der von 1516 bis zu seinem Tode 1545 in Landshut residierte.

Bis dahin bezogen die niederbayerischen Herzöge bei ihren Aufenthalten in Landshut im Harnischhaus an der Ländgasse oder im Zollhaus Unterkunft. Letzteres sowie weitere Gebäude wurden abgerissen, als sich Ludwig eine repräsentative Stadtwohnung als »ainen treffenlichen ansechlichen pau« errichten ließ. Unter Leitung des Augsburger Baumeisters Bernhard Zwitzel entstand zunächst 1536–1539 der »Deutsche Bau«. Dessen Fassade zur Altstadt erhielt ihr heutiges Aussehen im klassizistischen Stil um 1780. Durchquert man die Eingangshalle bis zum rechteckigen Hof, erblickt man den »Italienischen Bau«. Durch die beiden schmalen, mit Arkaden geschmückten Seitentrakte erscheinen die beiden Komplexe wie eine geräumige Vierflügelanlage. Inspiriert durch seinen Aufenthalt am Hofe des mit ihm verwandten Federigo Gonzaga in Mantua, beauftragte Ludwig 1537 den italienischen Meister Sigmund mit der Bauleitung des Anbaus. Die äußere Fassade des »Italienischen Baus« mit dem prägnanten bayerischen Wappen am Obergeschoss präsentiert sich zur Ländgasse. Dort befindet sich auch der Ländgassenübergang zum ehemaligen Hofmarstall und einem Pavillon an der Isar.

Nur zwei Jahre nach Fertigstellung seiner Residenz verstarb Ludwig X. 1545, und München wurde zum alleinigen Regierungssitz von Herzog Wilhelm. Folglich wurde das Anwesen nicht mehr dauerhaft, sondern nur als temporäre fürstliche Unterkunft genutzt. Auch der schwedische König Gustav II. Adolf (1632) und Kaiser Napoleon I. (1809) bezogen auf der Durchreise durch Landshut Quartier in der Stadtresidenz. Ein höfisches Intermezzo erlebte Landshut zwischen 1780 und 1800, als der Pfalzgraf Wilhelm von Birkenfeld-Gelnhausen in der Stadtresidenz logierte. Seit den 1930er Jahren werden die Räumlichkeiten der Stadtresidenz mit ihrem hohen kunstgeschichtlichen Rang museal genutzt. Im »Deutschen Bau« beeindrucken besonders der gleichnamige Saal mit seiner hölzernen Decke sowie seltene französische Tapeten aus der Zeit um 1780. Sie wurden 1803 angebracht, als Kurprinz Ludwig an der hiesigen Universität studierte und die Birkenfeldzimmer im ersten Stock bezog. Aus den Prunkräumen des »Italienischen Baus« sticht das reich verzierte Tonnengewölbe des Italienischen Saals hervor, nicht minder sehenswert sind aber auch Stuckarbeiten sowie die Bilderzyklen der Maler Ludwig Refinger, Hermanus Posthumus und Hans Bocksberger der Ältere.

Italienischer Saal

COMMERZBANK

[9] Pappenberger-Haus

Zwei Häuser von der Stadtresidenz entfernt befindet sich mit dem Pappenberger-Haus (Altstadt 81), wiederum benannt nach seinen Eigentümern im ausgehenden 19. Jahrhundert, einer der bedeutendsten gotischen Profanbauten von Landshut. Im Jahre 1408 errichtet, zählte es zu jenen sechs privilegierten Anwesen der Stadt, die keine Abgaben und Steuern zu leisten hatten. Die Stufen des markanten Treppengiebels sind abwechselnd mit Zinnen und erkerartigen Türmchen besetzt. Seine typische Rauhputzfassade von etwa 1680 verdankt das backsteinerne Pappenberger-Haus der damals gängigen Mode. Durch den gotischen Torbogen, hinter dem sich ein künstlerisch wertvolles Netzgewölbe verbirgt, gelangt man zu einem interessanten Rückgebäude aus der gleichen Entstehungszeit.

Am Nachbarhaus erinnert eine bronzene Plakette an den Theologen Johann Michael Sailer, der hier von 1800 bis 1821 wohnte.

Johann Michael Sailer *1751–1832, Theologe, Pädagoge und Bischof. Nach seiner Priesterweihe in Augsburg wurde Sailer 1784 an die Hochschule in Dillingen und 1799 nach Ingolstadt berufen. Mit letzterer zog er ein Jahr später nach Landshut, um Moral- und Pastoraltheologie sowie Liturgie und Pädagogik zu lehren. Als bedeutender Vertreter der katholischen Erneuerungsbewegung nach den Ereignissen der Säkularisation versammelte er in Landshut den »Sailerkreis« um sich. Seit 1821 als Domkapitular in Regensburg, wurde Sailer 1829 vom Papst zum dortigen Bischof ernannt.*

[10] Rathaus

Tourist-Information *(Altstadt 315)*
Apr.–Okt.: Mo–Fr 9–18 Uhr, Sa 10–15.30 Uhr;
Nov.–März: Mo–Fr 9–17 Uhr, Sa 10–14 Uhr,
Tel. 0871 92 20 50, www.landshut-tourismus.bayern
Rathausprunksaal *Mo–Fr 14–15 Uhr*

Gegenüber von Stadtresidenz und Pappenberger-Haus befindet sich der von drei Giebeln und einem Dachreiter bekrönte Rathauskomplex von Landshut. Die erste städtische Ratsstube war laut einer Quelle von 1331 vermutlich in einem hölzernen Lagerhaus vor dem alten Martinsturm inmitten des breit angelegten Straßenmarktes untergebracht. Im Jahr 1380 verlagerte der Rat durch den Kauf eines Giebelhauses seinen Sitz an den heutigen Standort, der durch mehrere Zukäufe unter den »reichen Herzögen« erweitert wurde. So kamen 1452 das Eckgebäude an der Grasgasse sowie 1503 der Südflügel in Richtung Steckengasse hinzu. Eine der wichtigsten baulichen Veränderungen, die dem Bauwerk im Laufe der Jahrhunderte widerfuhren, stellt der reich verzierte Sandsteinerker von 1570/71 dar – eine der wenigen Ausnahmen von der 1407 erlassenen Bauordnung mit ihrem Erkerverbot.

Links: Pappenberger-Haus

Hedwig
1457–1502, Herzogin. Als Tochter des polnischen Jagiellonen-Königs Kasimir II. und der Elisabeth von Habsburg wurde Hedwig als Achtzehnjährige bei der legendären »Landshuter Hochzeit« am 14. November 1475 mit dem späteren Herzog Georg dem Reichen vermählt. Hedwig verbrachte viele Jahre auf der Burg zu Burghausen, neben Burg Trausnitz die Zweitresidenz der niederbayerischen Herzöge und Hofhaltung der Herzoginnen. Da von den fünf Kindern Hedwigs und Georgs nur zwei Mädchen überlebten, entbrannte nach beider Tod der Landshuter Erbfolgekrieg.

Mitte des 19. Jahrhunderts erfolgte eine Neugestaltung des Rathauses in neogotischen Formen, bei der barocke Dekorationen und klassizistische Girlanden an der Fassade entfernt wurden. Aus dieser Zeit datiert auch der Balkon mit den beiden Wappen. Im Inneren erneuerte man bis 1883 den Rathausprunksaal, der bei der Fürstenhochzeit 1475 als Tanzsaal gedient hatte. Seine geschnitzte Decke, Wandmalereien und -vertäfelung, die auf gewundenen Säulen ruhende Holzempore sowie mehrere Kronleuchter tragen zur Erhabenheit des Prunksaales bei. Das den gesamten Raum umlaufende Gemälde, unterbrochen von vier gekachelten Kaminen, thematisiert die Landshuter Fürstenhochzeit. Beginnend links neben dem Eingang am Bilderfeld nahe der Empore präsentiert es entgegen dem Uhrzeigersinn in mehreren Szenen den prunkvollen Festzug. Das größte Gemälde gegenüber dem Eingang zeigt den Brautwagen Hedwigs, flankiert von ihrem Bräutigam Herzog Georg dem Reichen hoch zu Ross. Inspiriert von dem Kunstwerk, fand 1903 erstmals die vom Verein »Die Förderer« nachempfundene »Landshuter Hochzeit 1475« vor der historischen Altstadt-Kulisse statt. Heute ist das detailgetreue Spektakel weit über die Grenzen der einstigen Residenzstadt bekannt und zieht alle vier Jahre über 100 000 Besucher an.

Die wahren Feierlichkeiten anlässlich der Vermählung von Georg und der polnischen Königstochter Hedwig anno 1475 gehörten zu den prunkvollsten des Spätmittelalters. Für rund zehntausend Gäste – darunter Kaiser Friedrich III., der spätere Kaiser Maximilian I. sowie unzählige Reichsfürsten mit ihrem Gefolge – standen u.a. jeweils mehrere hundert Ochsen, Kälber, Schweine und Schafe, 11 500 Gänse und 40 000 Hühner bereit. Acht Tage lang repräsentierte der Fürst seine Macht und seinen Reichtum mit Festmahlzeiten, Ritterspielen, Musik und Tanz. Am Ende des Spektakels schlugen über 60 000 Gulden zu Buche.

Landshut erlebte zwischen 1393 und 1503 eine hohe wirtschaftliche und kulturelle Blütezeit, als jene drei Landesväter die Geschicke des Herzogtums lenkten, die als die drei »reichen Herzöge von Landshut« in die Geschichte eingingen: Heinrich XVI., Ludwig IX. und Georg. Als Mitte des 15. Jahrhunderts bereits die bei der Landesteilung 1392 entstandenen wittelsbachischen Linien Straubing-Holland sowie Bayern-Ingolstadt im Mannesstamm ausstarben, war das Landshuter Einflussgebiet finanziell und territorial dem zweiten verbliebenen Herzogsgebiet im Münchner Raum überlegen. Stabilisierend wirkte in Landshut auch die dynastische Kontinuität des Herrschergeschlechts, da jeweils nur der einzig überlebende Sohn unangefochten die Nachfolge antreten konnte.

Georg der Reiche
1455–1503, Herzog. Geboren und aufgewachsen in Burghausen, kam Georg als Dreizehnjähriger an den herzoglichen Hof in Landshut. Hier vermählte er sich mit Hedwig und erhielt die Herzogswürde von Bayern-Landshut. 1496 geriet Georg in Konflikt mit seinem Verwandten Herzog Albrecht von München und dem Kaiser, als er entgegen den Wittelsbacher Hausverträgen, die beim Fehlen von männlichen Nachkommen eine gegenseitige Erbfolge vorsahen, seine Tochter einsetzte. Durch Georgs Tod entbrannte der Landshuter Erbfolgekrieg, die Zeit der »reichen Herzöge von Landshut« war unwiederbringlich vorbei.

Rathausprunksaal

Heinrich XVI., genannt der Reiche
1386–1450, Herzog. Heinrich XVI. aus dem Geschlecht der Wittelsbacher trat 1393 das Erbe seines Vaters Friedrich des Weisen von Bayern an. 1392 war dieser an der dritten bayerischen Landesteilung beteiligt, in der u.a. das Herzogtum Bayern-Landshut entstanden war. Zunächst unter Vormundschaft, regierte Heinrich ab 1401 allein. Hatte seine Regentschaft mit dem Bürgeraufstand 1410 blutig begonnen, so entwickelte sich das Herzogtum unter seiner mehr als fünfzig Jahre währenden Regierung zu einem bedeutenden politischen Gewicht.

[11] Grasberger-Haus

Rechts neben dem Rathaus befindet sich das Grasberger-Haus (Altstadt 300). Bis hier reichen die Laubengänge, d.h. bis zum Dreifaltigkeitsplatz dehnte sich etwa die Ursprungsstadt von 1204 aus. Um 1250 erfolgte dann mit der Unteren Altstadt die erste Stadterweiterung in nördlicher Richtung bis zur Isar. Wie das grüne Nachbargebäude (Altstadt 299) gehörte das gotische Grasberger-Haus, in dem heute die Sparkasse Landshut beheimatet ist, der Patrizier- und Bürgermeisterfamilie Oberndorfer. Seine genaue Entstehungszeit offenbart ein Schlussstein des spätgotischen Netzgewölbes unter den Bögen: »Das haus ist gepawt Anno d[omi]ni 1453«. Der Buchstabe »T« in der Mitte der Inschrift stellt ein Antoniuskreuz als Schutzzeichen gegen Feuer und Pest dar. Im Inneren des Grasberger-Hauses beeindruckt das spätgotische Sternengewölbe der Erdgeschosshalle, das von einem kräftigen Mittelpfeiler getragen wird. Die gotischen Kellergewölbe, teilweise von älteren Vorgängerbauten stammend, dienten als »Fürstenkeller« zur Bewirtung während der Landshuter Hochzeit 1475. Außerdem befand sich im Gebäude die Herberge der polnischen Braut. Der Brunnen des einheimischen Bildhauers Fritz Koenig von 1973 symbolisiert die Fialen der Turmkränze von St. Martin.

[12] Heilig-Geist-Kirche

***Ausstellungen** Di–So 10–17 Uhr*

Den markanten Abschluss des Altstadt-Straßenzuges bildet die Spitalkirche Heilig-Geist. Für das Werk der Baumeister Hans von Burghausen und Hans Stethaimer wurde 1407 der Grundstein gelegt, ein Schlussstein im Mittelschiff bezeugt die Fertigstellung für 1461. Bei der spätgotischen Hallenkirche, deren drei Schiffe alle von gleicher Höhe sind, führen die Seitenschiffe als Chorumgang um den Altarraum, der von einem prägnanten Chormittelpfeiler geprägt ist. Ungewöhnlich ist die nördliche Ausrichtung des Turmes. Im Gegensatz zu den schlichten Seitenportalen wird das Hauptportal im Westen durch eine gewaltige Vorhalle bekrönt, das sandsteinerne Spitzbogenportal ist reich verziert. Da die seelsorgerische Funktion nicht im Vordergrund stand, wurde die Kirche im frühen 19. Jahrhundert profaniert und zeitweilig als Militärmagazin genutzt. Bis in die zweite Hälfte des 20. Jahrhunderts wurde sie wieder kirchlich genutzt. Nach umfangreichen Sanierungsmaßnahmen finden in der Heilig-Geist-Kirche seit 1998 wechselnde Ausstellungen zur regionalen Historie und Kunstgeschichte statt.

Sonnenuhr

[13] Heilig-Geist-Spital

Gegenüber der Kirche steht der gleichnamige Spitalkomplex. Bereits wenige Jahre nach der Stadtgründung 1204 datiert die erste urkundliche Erwähnung der Einrichtung, in der Kranke, Alte, Arme und Reisende betreut und verpflegt wurden.

Lag das Heilig-Geist-Spital anfangs vor den Mauern der Stadt am Spitaler Tor, wurde es um das Jahr 1350 in die Stadtbefestigung einbezogen. Beim vollständigen Neubau der Anlage zwischen 1722 und 1728 wurden die gotischen Giebelhäuser abgerissen. Die Maurermeister Johann Georg Hirschstetter und Matthias Eheham schufen eine weitläufige vierflügelige Gebäudegruppe, die sich um einen großen Innenhof gruppiert. Hinter den drei hochgezogenen Fenstern im Erdgeschoss befindet sich die Hauskapelle, in einem weiteren Flügel die Krankenkapelle. Erwähnenswert ist zudem die von Malereien umgebene Sonnenuhr von 1728 mit den wappentragenden Putten. Auch wenn der Konvent bereits im 14. Jahrhundert wieder aufgelöst wurde, erfüllt das Spital bis heute seinen ursprünglichen Stiftungszweck der Alten- und Krankenpflege.

[14] Rottenkolberstadl

Zwischen dem Turm der Heilig-Geist-Kirche und dem 1905 im Stil der Neorenaissance erbauten Postgebäude führt der Stadtrundgang durch die Heilig-Geist-Gasse zu zwei sehenswerten, versteckt liegenden Gebäuden von Landshut. Am Bischof-Sailer-Platz links abbiegend, befindet sich in der Bauhofstraße 1 ein jahrhundertealter ziegelroter Stadel mit steilem Satteldach. 1996 ging dieser Speicherbau in den Besitz der Stadt über, die ihn zu einem Theater umbauen ließ. Bereits zwei Jahre später konnte das 1992 gegründete »kleine theater – Kammerspiele Landshut« seine neuen Räumlichkeiten im alten Rottenkolberstadl einweihen.

[15] Rochuskapelle

Eine schmale Gasse hinter dem Rottenkolberstadl führt zur kleinen Rochuskapelle. Benannt nach dem Pestheiligen Rochus, gehörte sie zu einem 1497 errichteten Blattern-Krankenhaus. Die Einrichtung ging auf den vermögenden Bürger Walther vom Feld, Hoflieferant und Bankier der »reichen Herzöge«, zurück, dessen Marmor-Epitaph in der Frauenkapelle steht. Beim

Abriss des Blatternhauses im Jahr 1810 blieb einzig die backsteinerne, einschiffige Kapelle erhalten. Während die Ostseite der Kapelle in das Blatternhaus einbezogen war, war der Westgiebel mit seinen Spitzbogenblenden schon immer freistehend.

In der Nähe befinden sich am Orbankai Wehrturm und restaurierte Teilstücke der mittelalterlichen Stadtmauer aus dem 13. und 14. Jahrhundert.

[16] Ursulinenkloster St. Joseph

Klosterpforte
Rechts: Ursulinenkloster

Am anderen Ausgang des Bischof-Sailer-Platzes bildet der weitläufige Klosterkomplex mit der schmalen Westfront der Klosterkirche der Ursulinen den Auftakt zum zweiten Landshuter Straßenmarkt, der Neustadt. Als letztes der acht Landshuter Klöster wurde es 1668 durch den bayerischen Kurfürsten begründet, um sich besonders der Erziehung der weiblichen Jugend zu widmen. Noch im gleichen Jahr eröffnete der Schulorden die erste Mädchenschule von Landshut. Nachdem durch den regen Zuspruch die vormalige Heimstatt der Ordensschwestern in der Ländgasse zu klein geworden war, erhielten sie zwischen 1671 und 1686 eine neue Klosterkirche sowie zwei Flügelbauten am heutigen Standort. Anfang des 18. Jahrhunderts wurde die Anlage um weitere Trakte erweitert, 1884 entstand der Flügelbau zum Bischof-Sailer-Platz. Unterdessen

Friedrich Karl von Savigny
1779–1861, Jurist. Nach dem Gymnasium in Wetzlar schrieb sich Savigny 1795 zum Jurastudium an der Marburger Universität ein. Nach seiner Promotion 1800 unterrichtete er als Privatdozent, bis er 1808 an die Universität Landshut kam. Allerdings verließ er die Stadt bald wieder, um auf Empfehlung Wilhelm von Humboldts 1810 an die gleichnamige, neu zu gründende Universität nach Berlin zu gehen. Savigny, der als Begründer der historischen Rechtsschule gilt, war mit Kunigunde Brentano verheiratet, der Schwester von Clemens und Bettina Brentano.

war das Kloster der Säkularisation zum Opfer gefallen und 1809 aufgelöst worden. Allerdings wurde es 1826 auf Grund seiner bisherigen Verdienste im Schulwesen, auch auf Betreiben von König Ludwig I., wieder besetzt. Heute befindet sich in den Gebäuden eine Realschule für Mädchen. Im Sommer 2016 zogen die verbliebenen 14 Landshuter Ursulinenschwestern aus Altersgründen gemeinsam in ein Münchner Seniorenheim, während die Klostergebäude von der Erzdiözese München und Freising übernommen wurden, die bereits seit 1992 Träger der Schule ist.

[17] Dominikanerkloster St. Blasius

An der Kirchenfront und der Klosterpforte vorbeigehend, biegt man linker Hand in die Regierungsstraße ein, die auf den gleichnamigen Platz mit seiner wechselvollen Geschichte führt. Die ersten Dominikanermönche kamen 1271 nach Landshut, bald darauf wurde mit dem Bau der Klosterkirche St. Blasius begonnen. 1386 geweiht, präsentiert sich das gotische Gotteshaus heute entsprechend seiner Umgestaltung Mitte des 18. Jahrhunderts im Stil des Rokoko. Deckengemälde sowie den Stuck schuf Johann Baptist Zimmermann.

Um 1805 entstand die klassizistische Kirchenfassade. Die sich links neben der Kirche anschließenden drei Flügel der Konventgebäude entstanden ab 1699 als barocker Neubau.

Rund einhundert Jahre später überlagerten sich in Landshut wichtige Ereignisse. Der Zweite Koalitionskrieg (1799–1802), in dem die Allianz um Russland, Großbritannien und Österreich gegen das revolutionäre Frankreich kämpfte, tobte in Bayern und führte im Juli 1800 zur französischen Eroberung von Landshut. Zeitgleich wurde im Zuge der Säkularisation 1802 das Dominikanerkloster aufgelöst. Es stand fortan der 1472 in Ingolstadt gegründeten Universität zur Verfügung, die 1800 nach Landshut verlegt wurde.

Dieser Ortswechsel geschah zwar aus Gründen der Sicherheit, sollte aber gleichzeitig der Erneuerung der Hochschule dienen. Hatten die Bürger von Landshut also gerade Plünderungen, Einquartierungen und Abgaben durch den Krieg überstanden, mussten sie fortan den Zuzug von Professoren und Studenten verkraften. Zur offiziellen akademischen Feier im Juni 1802 bezog die Hochschule das ehemalige Dominikanerkloster und konstituierte sich als Ludwig-Maximilians-Universität, benannt nach ihrem Gründer Ludwig und dem Kurfürsten Maximilian IV. Joseph (1756–1825), der 1806 zum ersten König des neu gegründeten Königreiches Bayern wurde. Das gesellschaftliche Leben mit akademischen Festen, kulturellen Veranstaltungen und mehreren Studentencorps wirkte sich positiv auf die ganze Stadt auf, bedeutende Gelehrte wie die Juristen Friedrich Karl von Savigny und Paul Johann Anselm von Feuerbach oder der Theologe Johann Michael Sailer (S. 15) wirkten in der Stadt. Doch bereits 1826 verlegte König Ludwig I. die Universität, an der beim Auszug aus Landshut über 750 Studenten immatrikuliert waren, in seine Hauptstadt München. Dort zählt sie heute zu den größten Universitäten Deutschlands.

In das ehemalige Dominikanerkloster von Landshut zog zwischen 1838 und 1932 sowie ab 1956 die Regierung von Niederbayern. Am Regierungsplatz beachtenswert ist außerdem das »Gewerbe-Haus« (Regierungsstraße 542) mit auffälligem Volutengiebel, das 1848 als erste evangelische Kirche Landshuts erbaut und später Sitz der Kreishandwerkerschaft wurde. Geht man die Regierungsstraße weiter entlang, ragen linker Hand eindrucksvoll die hohen backsteinernen Schiffe und der Chor der Dominikanerkirche auf.

Paul Johann Anselm Ritter von Feuerbach
1775–1833, Jurist. Bei Jena geboren, studierte Feuerbach dort erst Philosophie und habilitierte sich später in Jura. 1804 kam er als Professor für Zivil- und Strafrecht an die Universität Landshut. Seit 1808 Geheimer Rat, schuf Feuerbach das Bayerische Strafgesetzbuch von 1813, das die Folter förmlich abschaffte und ihm den Titel eines Ritters einbrachte. Als Begründer der modernen deutschen Strafrechtslehre setzte sich Feuerbach dafür ein, keine Strafe ohne Gesetz durchzuführen. Der Vormund Kaspar Hausers verfasste 1832 das Buch »Kaspar Hauser oder Beispiel eines Verbrechens am Seelenleben eines Menschen«. Feuerbach hinterließ acht Kinder, von denen fünf eine wissenschaftliche Laufbahn einschlugen.

Lena Christ
1881–1920, Schriftstellerin. Als uneheliches Kind geboren, verarbeitete Lena Christ ihre Erlebnisse in ihrem 1912 erschienenen Debütroman »Erinnerungen einer Überflüssigen«. Nach ihrer gescheiterten ersten Ehe heiratete Christ 1912 den Schriftsteller Peter Benedix. Als dieser 1917 als Soldat nach Landshut eingezogen wurde, übersiedelte die Familie für zwei Jahre in die Maximilianstraße 8. Aus dieser Zeit stammen zahlreiche Erzählungen, die unter dem Titel »Bauern« erschienen. Durch das Fälschen von Bildern von einer Gefängnisstrafe bedroht, beging Lena Christ 1920 Selbstmord auf dem Münchner Waldfriedhof.

[18] St. Jodok

Anschließend gelangt man in den drittältesten Stadtteil von Landshut. Sein Name »Freyung« geht auf die zehn Jahre währende Steuerbefreiung für neu angesiedelte Bürger zurück, die Herzog Heinrich XIV. bei der Gründung 1338 gewährte. Entscheidenden Aufschwung nahm die Freyung im Folgejahr durch den Jahrmarkt »Bartlmädult«. Er wird seitdem alljährlich, für mehrere Tage rund um den Bartholomäustag am 24. August, mit Vergnügungs- und Verkaufsständen gefeiert.

In dem neuen Stadtteil entstand die Kirche St. Jodok, die bereits 1369 zur zweiten Pfarrkirche der Stadt wurde. Über dem schlichten Westportal erhebt sich der quadratische Turm, dessen Obergeschosse bis zum spitzen Backsteinhelm achteckig ausgeführt sind. Die zahlreichen Grabplatten an der Außenwand zeugen von dem einst rings um die Kirche angelegten Friedhof, der zu Beginn des 19. Jahrhunderts beseitigt wurde. Außer zu den sonntäglichen Gottesdiensten (Westportal) betritt man die im Stil der Backsteingotik geschaffene Jodokskirche über das kunstvolle Südportal. Der helle Raumeindruck mit dem ockerfarbenen Gewölbe des erhöhten Mittelschiffes entstand im 15. Jahrhundert, als man sich nach einem Brand entschloss, die ursprünglich flache Decke einzuwölben und die seitlichen Kapellen anzubauen.

Bis auf wenige gotische (Freskenzyklus der Seitenkapellen um 1460; Rotmarmorgrabstein des 1513 verstorbenen Rats Peter von Altenhaus am Hauptportal; Marienfigur gegenüber der Kanzel um 1500) und barocke (Orgelempore von 1611; Kreuzigungsgruppe um 1700/1770 gegenüber der Kanzel) Kunstwerke befinden sich in St. Jodok überwiegend neogotische Ausstattungsstücke aus dem 19. Jahrhundert. Dazu zählen die Kanzel (1865) sowie der Hochaltar (1863), der links unter dem Baldachin den Pfarrpatron St. Jodok als Pilger, rechts den Stadtpatron St. Sebastian zeigt. Die Anschaffung einer neuen Hauptorgel im Jahre 1890 gilt als Abschluss der Regotisierung.

Dort, wo sich heute die goldene Trennwand befindet, erhob sich früher der Lettner zur Trennung von Geistlichen im Presbyterium und Laien im Kirchenschiff. Im Dunkel der Geschichte verlieren sich die Gründe, warum unter dem Altarraum die frühgotische Veitskrypta liegt. In ihr befindet sich der wertvolle Grabstein des 1483 verstorbenen Ritters Heinrich von Staudach.

Kreuzigungsgruppe

[19] Franziskanerinnenkloster Heilig Kreuz

Verlässt man den Innenraum von St. Jodok über das Südportal, befindet sich schräg gegenüber auf der Unteren Freyung (Nr. 630) die ehemalige Klosterkirche Heilig Kreuz, die sich mit ihren aufgemalten Pilastern fast unscheinbar in die Straßenflucht einfügt. Die Franziskanerinnen, die in Landshut wahrscheinlich über einhundert Jahre in loser Form in einem Privathaus die Regeln des Heiligen Franz von Assisi befolgten, gründeten im 15. Jahrhundert ihr eigenes Kloster. In den 1690er Jahren entstanden unter der Leitung des franziskanischen Bauleiters Philipp Plank der vierflügelige Innenhof sowie das barocke einschiffige Gotteshaus. Im Zuge der Säkularisation 1802 mussten durch die Aufhebung des Franziskanerklosters 22 Nonnen ihren Konvent verlassen. Noch im gleichen Jahr zog das Georgianum, ein von Herzog Georg begründetes Priesterseminar, in die freigewordenen Räumlichkeiten, um bald darauf ins nahe gelegene Jesuitenkloster umzuziehen. Seit 1839 beherbergte die ehemalige Klosteranlage das Landshuter Gymnasium und seit 1852 das königliche Erziehungsinstitut. Diese beiden Institutionen nutzen Heilig Kreuz bis heute: das staatliche Studienseminar sowie das 1961 nach seinem Schüler und späteren Schriftsteller Hans Carossa benannte

Hans Carossa
1878–1956, Arzt und Schriftsteller. Carossa trat 1888 in das humanistische Gymnasium und Internat Landshut ein. Nach seinem Abitur 1897 studierte er Medizin in München und Leipzig. Im Ersten Weltkrieg war er als Arzt an der Front eingesetzt, den Zweiten verbrachte er in der »inneren Emigration«. Kurz vor Kriegsende wurde der Schriftsteller zum Tode verurteilt, weil er dem Oberbürgermeister von Passau die kampflose Übergabe der Stadt riet. Für diesen Einsatz erhielt Carossa, dessen Werk starke autobiografische Züge trägt, 1948 die Ehrenbürgerwürde sowohl der Dreiflüssestadt als auch von Landshut.

Links: St. Jodok, Blick zur Orgelempore

Ludwig Thoma
1867–1921, Schriftsteller. Geboren in Oberammergau, besuchte Thoma ein Münchner Gymnasium. Wegen eines »verhinderten Liebesbriefes« musste er dieses verlassen und kam im Oktober 1885 nach Landshut. Nach dem Abitur studierte Thoma zunächst Forst-, später Rechtswissenschaften. 1900 wurde er Chefredakteur der Wochenschrift »Simplicissimus«. Thoma ist für seine realistischen, mit Humor und Satire gewürzten Schilderungen des bäuerlichen und kleinstädtischen Lebens in Bayern, darunter die »Lausbubengeschichten«, bekannt. In seinen letzten Lebensjahren veröffentlichte er jedoch antisemitistisch geprägte Werke.

Gymnasium, dem die profanierte Kirche mit ihren herrlichen Deckenfresken als festliche Aula dient. Mit dem altbayerischen Dichter Ludwig Thoma wohnte in einem Vorgängerbau des heutigen Jugendstilgebäudes gegenüber ein weiterer Absolvent des Gymnasiums.

Der Stadtrundgang führt an der Jodokskirche vorbei über die Obere Freyung, auf der man das 1971 entworfene Kriegerdenkmal von Karl Reidel sowie rechter Hand das langgestreckte Gebäude mit der einstigen Wohnung Carossas (Freyung 615) passiert.

[20] LANDSHUTmuseum

Di–So 10–17 Uhr

Anschließend verlässt man die Freyung über die Kolpingstraße, die zum Landshuter Stadtmuseum führt. Hier befand sich einst das 1280 gegründete Franziskanerkloster St. Peter und Paul, die dritte Landshuter Ordensgemeinschaft nach den Zisterzienserinnen von Seligenthal und den Dominikanern von St. Blasius. Nach der Säkularisierung 1802 und dem Auszug der Mönche wurde das Areal versteigert. Nur wenige Jahre später fielen die frühgotische Klosterkirche und fast der gesamte Innere Kreuzgang dem Abriss zum Opfer. Erhalten blieb u.a. der Äußere Kreuzgang mit der 1495

errichteten Plank-Kapelle. Die schrägen Mauerpfeiler am Prantlgarten wurden zur Abstützung nötig, als man die Decken des Kreuzgangs im 15. Jahrhundert mit Gewölben versah. Unter dem bayerischen König Ludwig I. wurde in Landshut 1835 wieder ein Franziskanerkonvent gegründet, der in das nahe gelegene ehemalige Kapuzinerinnenkloster Maria Loreto zog.

Seit 1999 beherbergten die historischen Gemäuer das »Museum im Kreuzgang«. Nach umfangreichen Sanierungsmaßnahmen konnten 2016 im ehemaligen Westflügel des Klosters die ersten Ausstellungsräume des neuen LANDSHUTmuseums der Öffentlichkeit zugänglich gemacht werden. Auch das KASiMiRmuseum für Kinder und Jugendliche hat in dem ehemaligen Kloster ein neues Zuhause gefunden.

[21] KOENIGmuseum

Di–So 10–17 Uhr

Außen am Kreuzgang entlang führt der kleine Weg zu einem weiteren Museum von Landshut, das dem Bildhauer Fritz Koenig gewidmet ist. Der Zugang zur unterirdischen Ausstellung befindet sich in der sanierten mittelalterlichen Stadtmauer mit Rundbogennischen und dem Wehrturm mit Zinnen und Pechnasen. Unter

Fritz Koenig
1924–2017, Bildhauer. Geboren in Würzburg, verbrachte Koenig seine Kindheit in Landshut. Von 1964 bis 1992 hatte der Bildhauer, der bis zu seinem Tod in Ganslberg bei Landshut lebte und arbeitete, einen Lehrstuhl für Plastisches Gestalten an der TU München inne. Neben den zahlreichen Werken, die sich in Landshut im öffentlichen Raum und in dem ihm gewidmeten Museum finden, zählt die »Große Kugelkaryatide« vor dem New Yorker World Trade Center, die bei den Anschlägen des 11. September 2001 schwer beschädigt wurde, zu den wichtigsten Arbeiten von Fritz Koenig.

der Mitwirkung von Koenig konzipiert, entstand der über 2000 Quadratmeter große Museumsbau unter dem bewaldeten Hofberg in den Jahren 1994 bis 1997. Im Folgejahr eröffnete das Museum mit der großen Retrospektive »Fritz Koenig. Skulptur und Zeichnung 1942–1997«. Den Grundstock des Bestandes bildet die Stiftung Fritz und Maria Koenig, die in Teilen in wechselnden Ausstellungen gezeigt wird.

Rechter Hand am Museumsgelände vorbei gelangt man zum Landshuter Hofberg. Bis ins 18. Jahrhundert als Wildgehege genutzt, diente er zu Universitätszeiten land- und forstwirtschaftlichen Versuchen. Seit 1837 ist der Hofgarten öffentlich zugänglich. In dem weitläufigen Areal mit Zugang zur Burg Trausnitz befinden sich auch ein Tiergehege sowie der Herzogsgarten, den Wilhelm von Birkenfeld-Gelnhausen anlegen ließ.

[22] Jesuitenkloster St. Ignatius

Zurück am LANDSHUTmuseum führt die Bindergasse in den zweitältesten Teil von Landshut, die Neustadt. In dieser Straße, die linker Hand von einem dreigeschossigen Flügel des ehemaligen Jesuitenkollegs begrenzt wird, wohnten einst zahlreiche Künstler und Kunsthandwerker, darunter der bedeutende Bildschnitzer Hans Leinberger (Bindergasse 492). Entsprechend zur Ursulinenkirche in der Unteren Neustadt wird der Straßenzug im Süden durch die Klosterkirche der Jesuiten abgeschlossen. Im Jahre 1621 hatte die Gräfin Magdalena von Haunsperg der Oberdeutschen Jesuitenprovinz Kapital gestiftet, um in Bayern ein Jesuitenkolleg zu gründen. Zwar nannte die Stifterin keinen genauen Standort, doch konnte Herzog Maximilian I. davon überzeugt werden, den Orden in seiner Geburtsstadt Landshut anzusiedeln. Mitten im Dreißigjährigen Krieg feierten die Jesuiten 1629 ihren ersten Gottesdienst in der Dreifaltigkeitskirche, im Oktober dieses Jahres eröffneten sie ein Gymnasium, den Vorläufer der heutigen Carossa-Schule.

Am 31. Juli 1631, dem Sterbe- und Gedenktag des Ordensgründers Ignatius von Loyola, erfolgte die Grundsteinlegung des Kirchenbaus, dem zuvor das Gebäude der Herzoglichen Münze gewichen war. Durch die Kriegsereignisse mehrfach unterbrochen, wurde das durch den Bauleiter und Jesuitenpater Johannes Holl

Hans Leinberger
Um 1475 – um 1531, Bildhauer und -schnitzer. Das Leben des von Dürer, Cranach und Riemenschneider geschätzten Künstlers liegt größtenteils im Dunkeln. Um 1510 wird er erstmals in Landshut erwähnt, als er Haus und wohl auch Werkstatt in der damaligen Barfüßergasse bezog. Zu Leinbergers bedeutendsten Werken zählen in Landshut die Rosenkranzmadonna (St. Martin) sowie »Christus in der Rast« (St. Nikola). Leinbergers Sitzfigur des Heiligen Jodok für den Hochaltar der Jodokskirche befindet sich heute im Bayerischen Nationalmuseum in München.

erbaute Gotteshaus im Jahr 1640 eingeweiht. Hinter der nach Norden zeigenden Neustadtfassade, die als einzige nicht schlicht belassen, sondern mit Pilastern und Fensterschmuck dekoriert wurde, verbirgt sich das einschiffige Langhaus sowie der nur wenig tiefere, nach Westen ausgerichtete Chor. Das Attika-Geschoss mit der Kirchenuhr war ursprünglich als zweigeschossige Blendfassade mit einem Kirchturm geplant, die jedoch aus Geldmangel nicht verwirklicht werden konnte. Die unversehrt erhalten gebliebene Klosterkirche birgt in ihrem Inneren zahlreiche wertvolle Ausstattungsstücke des 17. und 18. Jahrhunderts, darunter Hochaltar (1663), Kruzifix (1643) sowie die Ausstattung der Seitenkapellen. 2007–2015 wurde St. Ignatius einer aufwendigen konstruktiven Sanierung unterzogen, da die Absenkung des Grundwassers das Fundament der Kirche verschoben und dadurch erhebliche Baumängel verursacht hatte.

Die vier Flügel umfassenden Kolleggebäude, für die zahlreiche gotische Giebelhäuser abgerissen wurden, entstanden 1665–1691. Nach der Auflösung des in vielen Ländern agierenden Jesuitenordens durch einen päpstlichen Erlass aus dem Jahr 1773 beherbergte der ehemalige Klosterkomplex das Priesterseminar Georgianum, diente später als Kaserne und wird heute als Behörden- und Polizeigebäude genutzt.

[23] Historischer Straßenzug Neustadt

Ludwig Andreas Feuerbach
1804–1872, Philosoph. Kurz nachdem der Rechtsgelehrte Paul Johann Anselm von Feuerbach an die Universität Landshut gekommen war, wurde 1804 sein vierter Sohn Ludwig in der Neustadt geboren. Nach dem Schulbesuch in München und Ansbach begann Feuerbach 1823 das Studium der Theologie, promovierte sich aber 1828 in Philosophie. Bekannt wurde Feuerbach besonders durch seine Religions- und Idealismuskritik, die er in seinem Hauptwerk »Das Wesen des Christentums« (1839–1841) entwickelte und die wegweisend für die politische Bewegung des Vormärz wurde.

Die Neustadt entstand im Zuge der Stadterweiterung von Landshut in der zweiten Hälfte des 13. Jahrhunderts. Ebenfalls als breiter, langgezogener Straßenmarkt angelegt, verläuft sie parallel zur Altstadt und diente als »Schrannenplatz« dem Verkauf von Getreide. Heute findet in der Unteren Neustadt der idyllische Freitag-Wochenmarkt mit regionalen Erzeugnissen statt.

Das in der Mitte der Neustadt als »Deutsche Eiche« betitelte Denkmal schuf in Erinnerung an die Gefallenen des Ersten Weltkrieges 1928 der Bildhauer Wilhelm Lechner. Aus dem Sarkophag sprießt ein Eichenstamm mit zarten jungen Trieben. Dem Stamm entwachsen eine trauernde Mutter mit Urne, ein gefesselter Soldat sowie ein junger Schildhalter. Bekrönt wird die Eiche von Sebastian, dem Stadtheiligen von Landshut.

In den überwiegend giebelständigen Handwerkerhäusern befanden sich einst zahlreiche Gastwirtschaften, in denen die Marktbesucher bewirtet und beherbergt wurden. Dazu zählt beispielsweise das roséfarbene »Gasthaus Schwabl« (Neustadt 500). Im 16. Jahrhundert als Haus des Bürgermeisters Closenberger erbaut, trägt es den Namen des Bierbrauers Franz Schwabl, der das Anwesen im 19. Jahrhundert bewirtschaftete. Im Hausflur hat sich ein prächtiges Gewölbe auf Rotmarmorsäulen erhalten. Die Inschriftentafel neben dem Eingang erinnert an die Gründung der Studentenverbindung »Corps Isaria« im Jahr 1821, die seit dem Umzug der Universität bis heute in München fortbesteht. Links des »Schwablwirtes« steht ein typisches Neustädter Handwerkerhaus (Neustadt 501) mit einem markanten Giebel und baulichen Überresten aus der Zeit um 1500. Einige Meter entfernt befinden sich mit dem »Hofreiter« (Neustadt 505) und der »Goldenen Sonne« (Neustadt 520) ebenfalls ehemalige Adelspalais des ausgehenden 17. Jahrhunderts, die später als Gastwirtschaften genutzt wurden.

Gasthaus »Zum Hofreiter«

[24] Johners Haus

In Höhe des Kriegerdenkmals ist auf der gegenüberliegenden Straßenseite das um 1900 erbaute Johners Haus, das Eckgebäude mit Hausmadonna zur Steckengasse, kulturgeschichtlich interessant. An seiner klassizistischen Fassade erinnern zwei Gedenktafeln an berühmte Bewohner des vorhergehenden Hauses. Die untere verweist auf den Rechtsgelehrten Paul Johann Anselm von Feuerbach (S. 25), dessen beiden Söhne Ludwig (1804) und Friedrich Feuerbach (1806)

in Landshut geboren wurden. Ebenso war der Jurist Friedrich Karl von Savigny (S. 24) mehrere Jahre in der Neustadt 467 wohnhaft. Da seine Frau Kunigunde Brentano, genannt Gundel, eine Schwester von Bettina Brentano, verheiratete von Arnim, war, weilte auch diese berühmte Schriftstellerin häufig im Hause Savigny.

[25] Salzstadel

Beim Gang durch die Steckengasse, einst die nördliche Begrenzung des ursprünglichen Landshut, erblickt man rechter Hand mit dem Salzstadel (Steckengasse 308) eines der ältesten Gebäude der Stadt. Der stattliche mittelalterliche Ziegelrohbau aus dem 14. Jahrhundert, der seit Mitte des 16. Jahrhunderts in Quellen auch als »Herzogskasten« bezeichnet wird, diente ursprünglich zur Lagerung von Getreide. Später wurde er auch als Salzstadel und im 19. Jahrhundert als Hopfenhalle genutzt. Auf beiden Seiten des Portals befinden sich farbige Wappenschilde. Nach umfassenden Instandhaltungsmaßnahmen in den 1980er Jahren bezog die Stadtbücherei Landshut die historischen Gemäuer.

[26] Schirmgasse

Nach wenigen Metern biegt man links in die Zwerggasse ein, die zur historischen Schirmgasse führt. Am Ausgang der alten Querverbindung gelangt man zu einem Handelshaus (Schirmgasse 268) aus dem 15. Jahrhundert, an dem das Terrakottarelief im spätgotischen Portal sehenswert ist. Der Löwe, der auf Handelsbeziehungen mit Venedig schließen lässt, führte zu dem gebräuchlichen Namen »Haus mit dem Markuslöwen«.

Nur wenige Schritte entfernt befindet sich ein Palais aus dem 17. Jahrhundert. Die Wappen im barocken Portal zeugen von der Ehe des einstigen Besitzers Pettenkofer, auf den auch der feine Fassadenschmuck im Stil des Rokoko zurückzuführen ist. Nach 1870 wurde das Palais Pettenkofer (Schirmgasse 264) als Gastwirtschaft »Zum Hofbräuhaus« genutzt. Neben der seit Jahrhunderten angesiedelten »Bäckerei Gebel« (Nr. 278) laden in der Schirmgasse heute auch noch ein Feinkostgeschäft (Nr. 292) und mehrere Lokale zum Genießen ein.

»Zum Hofbräuhaus«

[27] Ländgasse

Johann Baptist Zimmermann
1680–1758, Stuckateur und Maler. Zimmermann ging 1720 an den Münchner Hof, wo er 1729 zum Hofstuckateur avancierte. Er gilt heute als Wegbereiter des bayerischen Rokoko und gehört zu den wichtigsten Vertretern der »Wessobrunner Schule«. Aus den Werkstätten der gleichnamigen oberbayerischen Benediktinerabtei gingen im 17. und 18. Jahrhundert zahlreiche Künstler, darunter viele Stuckateure, hervor. In Landshut gestaltete Zimmermann neben dem Zisterzienserinnenkloster Seligenthal auch die ehemalige Dominikanerkirche.

In der Theaterstraße zweigt kurz vor dem Ländtorplatz linker Hand die Ländgasse ab. In der Länd, d.h. dem Anfahrts- und Anlandungsplatz für Flöße, befanden sich einst die Stallungen und Speichergebäude der langgezogenen Kaufmannshäuser der Altstadt. Der um 1500 entstandene Bogengang führte vom herzoglichen Harnischhaus (Ländgasse 51), der ehemaligen Stadtwohnung der Herzöge von Landshut, zur Stadtmauer. Eine Inschriftentafel erinnert an den für das Harnischhaus nicht urkundlich belegbaren Tod Herzog Ludwig des Reichen im Jahr 1479. Nach dem Bau der Landshuter Stadtresidenz diente das Anwesen dem Stellvertreter des Landesherrn, dem Vitztum bzw. Kanzler.

Hinter dem Bogen schließt sich das sehenswerte Palais Etzdorf (Ländgasse 50) aus dem 18. Jahrhundert an, dessen Hauptfassade reich gestaltet ist. Über dem mittleren Fenster befindet sich ein Gemälde der Immaculata und im dreieckigen Zwerchgiebel das Wappen des Bauherren Franz Freiherr von Etzdorf und seiner Gemahlin. Die Stuckierung der Fassade wird dem Künstler Johann Baptist Zimmermann zugeschrieben.

Die beiden benachbarten schmalen Gebäude in der Ländgasse 49 bzw. 49a gehören durch ihre spätgotischen Zinnengiebel zu den schönsten Handwerkerhäusern von Landshut. Erbaut um 1500, wurde der Rauhputzdekor erst im 17. Jahrhundert zugefügt.

Etzdorf-Palais

[28] Ländtor

Anschließend führt der Stadtrundgang wieder durch den Bogen zurück zum Ländtorplatz. Das gleichnamige Tor entstand im 13. Jahrhundert als eines von acht Toren in der Stadtmauer. Während es sich bei den meisten nur um Türme handelte, besaß das Ländtor einen vorgelagerten Zwinger. Der eigentliche Torturm befand sich stadteinwärts in der Häuserflucht der Ländgasse und wurde im Zuge der Erweiterung der Theaterstraße 1852 abgebrochen. Die beiden noch erhaltenen Flankentürme mit dem Rest eines Wehrganges bildeten einst das Außentor des Zwingers. Über der Durchfahrt prangt das Landshuter Stadtwappen. Der Legende nach wurde das »Dreihelmewappen« mit den Eisenhüten der Stadt nach einer Schlacht 1313 durch König Ludwig den Bayern für die bewiesene ritterliche Tapferkeit verliehen – allerdings datieren erste Belege seiner Nutzung bereits um das Jahr 1275.

[29] Entlang der Isar

Am Ländtorplatz biegt man rechter Hand in die Isarpromenade ein und gelangt nach wenigen Schritten zum mittelalterlichen Röcklturm, der ursprünglich als

Wehrturm Bestandteil der Stadtmauer war. Sein Name geht auf den Ratsherren Röckl zurück, der maßgeblich an einer Verschwörung Landshuter Bürger beteiligt gewesen sein soll. 1408 und 1410 war es zu Unruhen in der Landshuter Bevölkerung gegen den jungen Herzog Heinrich gekommen, die dieser blutig beendete, mehrere Personen hinrichtete und einige Familien der Stadt verwies. Seit 1990 nutzt die Stadt Landshut den Turm für Wechselausstellungen von bildenden Künstlern (Mai–Sep.: Do–So 13–17 Uhr); im Erdgeschoss befindet sich das »Literaturcafé«. Hinter den beiden niedrigen Gebäuden, die sich rund 100 Meter flussabwärts befinden, erblickt man die einstige herzogliche Badstube aus der Mitte des 16. Jahrhunderts. Der Pavillon mit dem vorkragenden Obergeschoss ist durch einen Gang mit dem »Italienischen Bau« der Stadtresidenz verbunden.

Badstube

Über den nur für Fußgänger und Radfahrer passierbaren Ländsteg überquert man die Große Isar bis hin zur Mühleninsel, deren günstige Lage zwischen den beiden Flussarmen seit Jahrhunderten durch mehrere Mühlen genutzt wurde. Die im 19. Jahrhundert gegründete »Vereinigte Kunstmühlen AG« entwickelte sich zu einem europaweit agierenden Aktienunternehmen, heute mit Sitz in Hamburg. In den 1980er Jahren wurden die alten Mühlengebäude abgerissen, um die Insel als Grünanlage umzugestalten. Entlang des Rau-

Isarpromenade mit Röcklturm

chensteiner Hauses und vorbei an einem mittelalterlichen Stadel führt der Weg zum historischen »Gasthof zur Insel«. Ihm gegenüber wurde in den vergangenen Jahren eine ökologisch wertvolle Fischtreppe angelegt, die Fischen den Übergang von der Kleinen zur Großen Isar gewährt. Über das Ludwigswehr gelangt man zur Luitpoldbrücke, von der aus sich ein wunderschöner Blick auf das historische Landshut bietet.

[30] Aufstieg zur Burg Trausnitz

Rechts von der Brücke erstrecken sich die Stadtsäle Bernlochner, die der Landshuter Johann Baptist Bernlochner 1841 im spätklassizistischen Stil erbaute. Der als Brauerei- und Mühlenbesitzer sowie Bauunternehmer angesehene Bürger errichtete den gewaltigen Komplex an der Isar samt Theater, Hotel und Gaststätte sowie Brauerei und Wohnungen in eigener Regie. Heute finden hier Veranstaltungen aller Art statt, darunter Ausstellungen, Festbälle und Tagungen sowie Aufführungen des Landestheaters Niederbayern.

Hinter dem Bernlochner-Komplex folgt man der Wittstraße, um vorbei am Parkplatz Grieserwiese über den Grätzberg zum Ausgangspunkt des Stadtrundganges am Dreifaltigkeitsplatz zu gelangen. Von dort aus erreicht man die bedeutendste Sehenswürdigkeit von Landshut, die altehrwürdige Burg Trausnitz. Der rund

Stadtsäle Bernlochner

Theklakapelle

300 Meter lange Aufstieg zu Fuß durch die alte Bergstraße ist gut zu bewältigen. Alternativ kann man mit dem Auto fahren und den ausgewiesenen Parkplatz auf dem Burggelände nutzen.

Rechter Hand sieht man nach einigen Metern die etwas zurückversetzte Theklakapelle. Auf eine adlige Stiftung des 15. Jahrhunderts zurückgehend, wurde sie 1759 barock umgestaltet. An dem erhöht liegenden weißen Gebäude auf der anderen Straßenseite, der ehemaligen herzoglichen Hofkaplanei (Alte Bergstraße 171), findet sich mit dem Erker an der Giebelfront eine seltene Ausnahme des »Erkerverbotes« von Landshut. Würde man an dieser Stelle der Bergstraße folgen, gelangte man zum zweiten erhaltenen Stadttor der alten Residenzstadt, dem Burghauser Tor. Stattdessen besteigt man unterhalb des Kaplanhauses die Fürstentreppe, im Volksmund »Ochsenklavier« genannt, die als ehemalige Reitertreppe zur Burg führt. An der Stelle, wo die Stufen etwas nach links abbiegen, befindet sich eine von ehemals annähernd 50 Burgfriedenssäulen rund um Landshut. Dabei handelt es sich um alte Grenzzeichen, die die städtische Rechtshoheit des Burgfriedens auch für außerhalb der Stadtmauer liegende Areale markierte. An etwa jener Stelle verläuft durch den Hofberg auch der Josef-Deimer-Tunnel. Er wurde 1999 nach jahrelangen Diskussionen auf einer Länge von 1470 Metern für den Autoverkehr freigegeben, um diesen aus der historischen Altstadt fernzuhalten.

Burghauser Tor

[31] Burg Trausnitz

Apr.–Sept. 9–18 Uhr; Okt.–März 10–16 Uhr
Besichtigung der Burg Mo–Sa nur mit Führung (alle 30 Minuten), So Rundgang ohne Führung

Ludwig I., genannt der Kelheimer
1173–1231, Herzog von Bayern. Als zweiter regierender bayerischer Herzog aus dem Geschlecht der Wittelsbacher erweiterte Ludwig durch eine Vielzahl von neuen Städten seinen Einflussbereich und begründete den Aufstieg der Wittelsbacher zu einer der bedeutendsten Familien im Reich. Nach seiner Schwertleite 1192 nahm Ludwig am zweiten (1194) und fünften (1221) Kreuzzug teil. 1208 erhielt er die Erblichkeit des Herzogtums Bayern bestätigt. Mit seiner Frau Ludmilla von Böhmen besaß Ludwig einen Sohn, der ihm nach seiner Ermordung in Kelheim als Otto II., der Erlauchte, nachfolgte.

Ob über die Fürstentreppe durch das Innere oder vom Parkplatz aus durch das Äußere Torwarthaus kommend, passiert man zunächst mehrere gut erhaltene historische Wehranlagen und Mauerringe, um den weiträumigen äußeren Burghof zu erreichen. Von den einst zahlreichen Wirtschaftsbauten wie Stadel, Schmiede oder Waschhaus sind einzig das spitzgiebelige Backsteinhaus der Kellerei sowie das Hofstallgebäude erhalten geblieben. Linker Hand erblickt man den wuchtigen Bergfried aus der Entstehungszeit der Burg, den Wittelsbacher Turm.

Im Jahre 1180 wurde Graf Otto V. aus dem Geschlecht der Wittelsbacher von Kaiser Friedrich I. (»Barbarossa«) das bayerische Herzogtum verliehen. Sein Sohn Ludwig der Kelheimer baute den Machtbereich des Hauses weiter aus, indem er besonders den Einfluss des Bischofs von Regensburg einschränkte. 1203 ließ Ludwig die bischöfliche Straßburg zerstören, die rund zehn Kilometer isarabwärts den Fernhandel über den Fluss kontrollierte. Am nächstmöglichen Isarübergang gründete er im Bistum Freising eine neue, strategisch günstig gelegene Burg mit dem sinnbildlichen Namen Landshut als »Schutz des Landes«. Während der Name auch auf die unterhalb der Burg entstehende Siedlung überging, wurde die Burg seit dem 16. Jahrhundert als Trausnitz – »trau es nicht, mich anzugreifen!« – bezeichnet. Bereits 1204 begann Ludwig der Kelheimer mit dem Bau von Stadt und Burg, die heute die älteste erhaltene des Herrschergeschlechts ist. Allerdings weisen jüngste Grabungen auf eine bereits vorher bestehende Befestigung auf dem Burgberg hin. Nach Ludwigs Ermordung 1231 in Kelheim begründete seine Witwe Ludmilla von Böhmen die Abtei Seligenthal (Bismarckplatz 14, Führungen unter Tel. 0871 8 90 21), in der bis ins 16. Jahrhundert über 40 Mitglieder der wittelsbachischen Familie bestattet wurden.

In der ersten Hälfte des 13. Jahrhunderts stellte die wittelsbachische Burg nicht nur ein Zentrum der Reichspolitik, sondern auch einen kulturellen Mittelpunkt dar. So weilten hier Kaiser Friedrich II. (1235) und mehrere Minnesänger wie Tannhäuser und Walther von der Vogelweide. Auch die neu gegründete Stadt entwickelte sich prächtig. Allerdings brach bald darauf eine Zeit politischer Wirren an, in der Bayern mehrfach geteilt wurde (1255 und 1392). Zwar kehrte mit der Regierung der drei »reichen Herzöge« Hein-

Ludmilla von Böhmen
Um 1170–1240, Herzogin von Bayern. Die Tochter des Herzogs Friedrich von Böhmen war mit einem Grafen von Bogen verheiratet. Nach dessen Tod ehelichte sie 1204 Ludwig den Kelheimer, den einstigen Widersacher ihres verstorbenen Mannes. Nach der Ermordung ihres Gatten lebte Ludmilla in der von ihr gegründeten Abtei Seligenthal. In der dortigen Afra-Kapelle befinden sich die Stifterfiguren des Ehepaares. Ludwig ist mit dem bayerischen blau-weißen Rautenwappen dargestellt, das mit dem Aussterben der Grafen von Bogen 1242 auf die Wittelsbacher überging.

Wilhelm V.
1548–1626, Herzog von Bayern. Als Sohn Herzog Albrechts V. wurde Wilhelm in Landshut geboren. Nach seiner prächtigen Hochzeit mit Renata von Lothringen kam er als Erbprinz in seine Geburtsstadt zurück und verwandelte sie in einen Musenhof von europäischer Ausstrahlung. Nach dem Tod des Vaters residierte Wilhelm als Herzog in München, wo er als Wilhelm der Fromme für die Gegenreformation und die Jesuiten eintrat. 1585 veranstaltete Wilhelm anlässlich der Verleihung des »Ordens vom Goldenen Vlies« ein Feuerwerk in Landshut. Zugunsten seines Sohnes dankte der Herzog 1597 ab.

rich, Ludwig und Georg relative Ruhe und Stabilität ein, doch mit dem Erlöschen des Mannesstammes durch den Tod Georgs endete 1503 auch die Bedeutung von Landshut als Landesresidenz. Durch Ludwig X., den Bruder des in München regierenden Herzogs Wilhelm IV., wurde Landshut im 16. Jahrhundert Sitz eines herzoglichen Statthalters. Allerdings widmete sich der Renaissance-Fürst vor allem dem Bau der Stadtresidenz im Herzen von Landshut.

Nach Ludwigs Tod wurde Landshut zum Prinzensitz des Thronfolgers. Als solcher verbrachte Erbprinz Wilhelm, der spätere bayerische Herzog Wilhelm V., gemeinsam mit seiner Gemahlin Renata von Lothringen die Jahre von 1568 bis 1579 auf der Trausnitz. Ihr Aufenthalt, während dessen sich die einst mächtige Trutzburg in ein prunkvolles Renaissance-Schloss verwandelte, war geprägt von glanzvoller Hofhaltung mit großem Gefolge samt unzähligen Künstlern, Musikern und Schauspielern.

Nach Wilhelms Weggang fiel Landshut in einen Dornröschenschlaf, in dem auch die Burg in Vergessenheit geriet und fast ungenutzt die Jahre überdauerte. Mehrfach diente sie als Kaserne und Lazarett, wie im Spanischen Erbfolgekrieg 1703 oder während der Napoleonischen Feldzüge. 1869 beschloss König Ludwig II. nach einem Besuch der Trausnitz »in dieser einst

Gottfried (Götz) von Berlichingen zu Hornberg
Um 1480–1562, Ritter. Geboren im schwäbischen Jagsthausen, begann Götz von Berlichingen nach dem Besuch einer Klosterschule seine ritterliche Ausbildung als »Bube« und Knappe. Um 1500 schloss er sich seinem Lehrmeister, dem Raubritter Hans Talacker von Massenbach, an. Im Juni 1504 verlor Götz während des Landshuter Erbfolgekrieges seine rechte Hand. Trotz seiner berühmten Eisenprothese, die ihm den Beinamen des »Ritters mit der eisernen Hand« verlieh, war Götz zeit seines Lebens in zahlreiche Fehden verwickelt. Auf seiner Lebensbeschreibung fußt das gleichnamige Schauspiel Johann Wolfgang von Goethes.

so herrlichen Fürstenburg, dem alten Wohnsitz meiner Ahnen, ein Absteigequartier für Mich einrichten zu lassen« – allerdings hat er sein prunkvolles Appartement nie genutzt. Nachdem die Burg Trausnitz den Zweiten Weltkrieg glimpflich überstanden hatte, vernichtete ein schwerer Brand am 21. Oktober 1961 Teile der Burg samt kostbarer Ausstattung.

Das harmonische Erscheinungsbild des inneren Burghofes wird durch die so genannten Ganggebäude mit Arkaden bestimmt, die der Architekt Friedrich Sustris 1578 vor dem Fürstenbau (linker Westflügel) und dem Dürnitzbau (mittiger Nordflügel) erbauen ließ. In der Dürnitz (slawisch für »beheizbare Stube«) befindet sich die doppelstöckige Burgkapelle St. Georg aus dem 13. Jahrhundert, die über eine Altar- und eine Fürstenempore verfügt. In ihr befinden sich bedeutende spätromanische Skulpturen des 13. sowie mehrere wertvolle Altäre des 15. Jahrhunderts. Die herzoglichen Wohnräume sowie Räumlichkeiten für das Gefolge (Neue Dürnitz) lagen einst im Fürstenbau. Im

Brunnen mit dem Heiligen Florian von Christian Jorhan d.Ä. (Kopie)

ehem. Neue Ritterstube (1961 zerstört)

Auftrag des Erbprinzen Wilhelm fügte der Architekt Georg Stern der Außenfassade des Fürstenbaus den Italienischen Anbau hinzu, in dem sich die berühmte Narrentreppe als eines der monumentalsten Zeugnisse der Schauspielkunst befindet. Nach Entwürfen von Friedrich Sustris führte der Maler Alessandro Scalzi, genannt Padovano, 1575/79 die farbenfrohen Wandmalereien über mehrere Etagen mit lebensgroßen Figuren der Commedia dell'arte aus.

Die östliche Bebauung der Burg bildet der Damenstock für den weiblichen Hofstaat. Dort präsentiert sich heute die »Kunst- und Wunderkammer der Burg Trausnitz« als Zweigmuseum des Bayerischen Nationalmuseums. Sie erinnert an die »Junge Kunstkammer« des Erbprinzen Wilhelm, die er als neuer Herzog 1579 mit nach München nahm und mit der väterlichen Sammlung vereinte. Wie die meisten ihrer Art ist sie in Artificialia (wundersame Kunststücke), Naturalia (Wunder der Natur), Exotica (Wunderbares aus fremden Ländern) und Scientifica (wissenschaftliche Materialien und Ergebnisse) unterteilt.

Nach dem Verlassen der Burg sollte man es nicht versäumen, durch den über 30 Hektar großen Hofgarten zu flanieren, der zu den ältesten Gartenanlagen in Bayern zählt und eindrucksvolle Ausblicke über die Stadt bietet.

Burgkapelle St. Georg

Landshut an einem Tag. Ein Stadtrundgang
Herausgegeben von Mark Lehmstedt

Text: Kristina Kogel
Lektorat: Kristina Schulze / Lehmstedt Verlag
Karte: OpenStreetMap-Mitwirkende, geodressing.de
Fotos: Kristina Kogel, außer: Harald Helmlechner/CC BY-SA 4.0 (U1), Verkehrsverein Landshut e.V. (U2), Heribert Pohl (S. 7 u., 43), © Bayerische Schlösserverwaltung/Rainer Herrmann, München (S. 12), © Bayerische Schlösserverwaltung/Rainer Herrmann/ Maria Scherf/Andrea Gruber, München (S. 13), CC BY-SA 3.0 / Gliwi (S. 17), Michael Durwen (S. 20 u.), Toni Ott (S. 31), Philipp Hienstorfer (S. 42), © Bayerische Schlösserverwaltung/Schmidt-Glassner, München (S. 47) Verlagsarchiv

Gestaltung: Mareike Bardenhagen / Lehmstedt Verlag
Druck: druckhaus köthen GmbH & Co. KG, Köthen (Anhalt)

Umschlag:
1: St. Martin
2: Isarblick mit St. Martin und Burg Trausnitz
3: Landshut 1578, kolorierter Holzschnitt von Joris Hoefnagel
4: Stadtansicht von Westen, Stahlstich von Henry Winkles, um 1840
5: Wittelsbacher Turm der Burg Trausnitz
6: Relief am »Haus mit dem Markuslöwen«

3. aktualisierte Auflage, 2023
ISBN 978-3-942473-61-3